Sergio Fernández • Mariló Montero

SABER COCINAR

Postres

la mañana 1

temas'de hoy.
ESPASA
tve

Ediciones Temas de Hoy es un sello editorial de Ediciones Planeta Madrid, S. A.

Primera edición: febrero de 2012

Diseño de cubierta: Montse Jiménez
Fotografía de cubierta: Alfredo Garófano
Diseño de interiores: Rudesindo de la Fuente
Fotografías de interior: Marcos Rosende
Colaboración en la realización de los platos: Esther Arribas Mesa
Nuestro agradecimiento al Centro Los Almendros por la cesión de sus instalaciones para el cocinado de los platos

Depósito legal: B-11104-2014
ISBN: 978-84-9998-026-3

Impreso en España/Printed in Spain
Impresión: Rotäbook

Ediciones Planeta Madrid, S. A.
Paseo de Recoletos, 4
28001 Madrid
www.temasdehoy.es

Espasa Libros, S. L. U.
Avda. Diagonal 662-664
08034 Barcelona
www.espasa.com

www.planetalibros.com

PRÓLOGO

Tiéntame

Le voy a ser sincera, porque va con mi modo de ser y, además, a estas alturas, usted y yo ya tenemos confianza suficiente como para no andarnos por las ramas. Si tiene este libro en sus manos, es que le pasa como a mí: el postre es su perdición.

Comer es un placer. Uno de los grandes placeres. Basta con que se organice algo para que yo empiece a disfrutar desde el principio del proceso. Si, por ejemplo, un lunes se habla de que el próximo sábado vendrán unos amigos a comer a casa, el encanto se prolonga toda la semana. ¿Qué pondré? ¿Con qué plato sencillo pero sabroso intentaré que pasen uno de los mejores ratos de su vida? Y durante toda la semana voy elucubrando, descartando, dejándome seducir por las ideas. Será carne, pescado, algo de pasta de forma original que me aconseje Sergio... Y el jueves no puedo más y me echo al mercado a comprarlo todo, a elegir con minuciosidad cada producto, preguntando mucho al pescadero, al carnicero, al pollero... que ya me conocen y me siguen la corriente.

Y sí, es una fiesta recibir a los amigos, por fin, el sábado, y procurar que el vino sea el adecuado, que la música de fondo resulte agradable, incitante, y que la charla acompañe. Pero, amiga, cuando la hoguera de la conversación está en su punto, calentando a todos los comensales, que hace mucho que se han entregado al misterio de la comida, ay, amiga, amiga, le digo: hay un momento en el que me acuerdo de que llega el postre. Y es un momento que nunca deja de ser sorprendente. Mágico. Como si volviera a ser una niña esperando el regalo de los Reyes Magos de los postres.

¿Por qué aunque una se encuentre totalmente saciada siempre hay ganas para el postre? Porque es una delicia. Porque es la guinda del pastel. Porque el postre es la culminación de todas las comidas.

Y llega el momento. Y el mundo se para. Sobre mis hombros, aparecen dos pequeñas Marilós: una angelical que me recomienda comedimiento, algo *light*, que no me sobrepase... y la otra, una Mariló muy diablilla que viene con los morros llenos de chocolate y nata y que empieza a susurrarme: «No hagas caso, déjate llevar, ¿te vas a perder ese pedazo de postre con el que sabes que has soñado todos estos días?». Y como he comenzado diciéndole que le iba a ser totalmente sincera, tengo que admitir que siempre, absolutamente siempre, acabo espantando de un manotazo a la Mariló prudente y pidiéndome el postre más suculento.

Déjeme que se lo cuente, haga el favor. Siéntese, relájese, encienda el silencio. Y solo atienda a la siguiente expresión: *soufflé* de chocolate. Ese nombre está muy bien escogido. La ese nos da la idea de algo que se escurre, que se derrama, que se vierte sobre nuestro paladar. Y esa *efe* seguida de la *ele*. *Soufflé*. Pronúnciela, atrévase, y hágalo con el mismo morbo con que la cuchara entra en lo más cremoso. Paremos. Dejemos a cada uno con su postre y quedémonos usted y yo con el mundo detenido, porque necesitamos tiempo para describir en condiciones lo que está a punto de ocurrirnos.

Desgranemos por sentidos. El primero, el de la vista. Mire qué plato tenemos delante. *Soufflé* de chocolate, qué pinta, parece que hasta el plato va a estar delicioso. Se adivina un secreto en el negror del chocolate. Y todos los secretos son tentadores, porque piden que se los desvele. Se alza el *soufflé* por encima de la blancura del plato y el bizcocho desafía la ley de la gravedad y la vence rematando en esa sinuosa curva que lo corona. Un charco de chocolate derretido se mece en la parte superior, como si un volcán negro dudase si erupcionar.

Tomo la cuchara y me agarro a ella, adoptándola como la prolongación natural de mi mano. La sostengo, hago un movimiento de muñeca, un movimiento experto, que demuestra que llevo muchos postres a mis espaldas. Tiento la pieza, empujo el bizcocho con la parte inferior de la cuchara y él reacciona como debe: tierno pero consistente, en seguida recupera su forma original.

Olamos. Aspiremos lenta pero profundamente, y percibamos usted y yo que desde el *soufflé* sube una mezcla oscura, como oscuro es el deseo, y que en la nariz se nos instalan dos promesas contradictorias: la del amargor del chocolate y la de la dulzura del azúcar que lo ha acompañado. No hay muchos adjetivos para describir olores, pero tendremos que afinar lo que podamos para que se entienda que la pituitaria ya se está dejando embelesar por el aroma de este plato. Es un olor penetrante, juguetón, seguro de sí mismo, completo. El olor es uno de los sentidos de la memoria, y al abrir el olfato a este prodigio estoy rescatando todas las veces que he tomado el *soufflé*.

Se me ocurre tomar el plato y palparlo por abajo. Está caliente. El bizcocho ya ha transmitido su calor. ¿Lo nota? Es un postre que abriga.

Entra la cuchara en el bizcocho y lo cuartea por arriba, justo entre las grietas que se han abierto ya en el horno y que han marcado cuál era el momento exacto para retirarlo. Dejo que el chocolate derretido se vierta, pero solo lo justo para que la primera porción que tomo sea jugosa. Y me acerco la cuchara a la boca.

Mi boca ya espera, avisada por el olor de la inminencia del chocolate. Y me place que este movimiento sea lento; sé que la infelicidad está en la antesala de la felicidad, y por mí lo prolongaría hasta la exasperación. Nunca labios de un amante han esperado con tanta delectación como los míos esperan este beso. Cierro los ojos. Me concentro en ese instante felicísimo y dejo que por fin el postre entre en mi boca. Poso la cuchara sobre mi lengua y la voy retirando, barriendo con los labios todo el contenido de la misma, dejando que el primer envite de *soufflé* quede aprisionado entre la lengua y el paladar superior, donde empujo y mezo al bizcocho. Se va mezclando con el chocolate derretido y, en efecto, está a la altura de cuanto prometía. Sabor. Como una detonación de sabor que se propaga inmediatamente hacia arriba, inundando la nariz, que antes solo había recibido el prólogo oloroso. Y hacia atrás, buscando el resto de la lengua, como si el sabor se escurriera y fuera más rápido que el propio bizcocho, que voy amasando de un lado a otro antes de comenzar a masticarlo lentísimamente, con la pausa y el detenimiento con el que crece una flor. Una flor de chocolate. Una flor pecaminosa de chocolate. Pero este postre trae el pecado y la redención a la vez. Y causa la comunión de todos los sentidos, que ahora se encuentran unidos, disfrutando en armonía.

Mientras doy cuenta de la primera cucharada, la segunda ya se prepara en el plato. La herida del bizcocho deja que mane el chocolate y que llegue hasta la blancura del plato. Iré comprendiendo cada bocado. Asustando a la cuchara con mi contundencia. Rindiendo homenaje a la bendita primera persona a la que se le ocurrió hacer este postre. Adquiriendo en cada movimiento la pericia necesaria para poder cargar cucharada tras cucharada, pese a que el *soufflé* va escaseando a medida que se sacia mi gusto por las cosas más hermosas.

¿Por qué se acaban los postres? ¿Por qué llegan a su fin, y me obligan a seguir apurando una cucharada más, y otra, y otra...? Compongo una última entrega con el chocolate que ha quedado esparcido por todo el plato. Y aún me convenzo de que no, de que hay otra más, y vuelvo a repasar los más recónditos recovecos, encontrando una porcioncita más. La última.

Y vuelve a girar el mundo. Se reanudan los sonidos de las conversaciones. Los amigos apurando sus propios postres. Nos miramos complacidos, cómplices de lo que acaba de ocurrirnos, a cada uno con su elección. A mí me ha ocurrido un *soufflé* de chocolate, pero dos platos más allá ha sucedido una tarta de manzana, de esas que traen la fruta cortada en delgadísimas láminas, como hostias consagradas. Al otro lado, se ha hecho efectivo una vez más el milagro del helado, con una vainilla que se ha ido derritiendo hasta formar una sopa irreprochable. Y, ya puestos a confesar, le confieso que hasta se ha visto alguna crepe con crema untable de cacao.

Tiene usted en sus manos una página detrás de otra que huelen a postre. Que prometen y cumplen lo prometido. Pase las páginas ahora, deléitese con las ilustraciones de estos platos que serán el colofón a todas las magníficas comidas que ya sabemos preparar. Sorpréndalos, pero sobre todo, sorpréndase a sí misma, no deje de hacerlo, vuelva a la inocencia de la que se deja tentar y vencer por el postre. No me extraña nada algo que oí hace muy poco entre dos enamorados, cuando ella le preguntaba a él qué había preparado de postre. «De postre, yo», le respondió él. Eso es un amor con pasión. La misma que hay en cada una de estas propuestas. Disfrute y, si hace *soufflé*, acuérdese de mí. Como dijo Oscar Wilde: el mejor modo de evitar la tentación es caer en ella.

Mariló Montero Abárzuza
Periodista

LEYENDA PARA EL RECETARIO

Tiempo

Raciones

ELABORACIONES BÁSICAS

Atrévete con la pastelería

Crema pastelera

20 min

Para rellenar 1 tarta o varios pasteles

INGREDIENTES

½ litro de leche
3 huevos
120 g de azúcar
30 g de harina de trigo
30 g de maicena
10 g de mantequilla
Piel de naranja
1 rama de canela

ELABORACIÓN

Poner a hervir la leche junto con la rama de canela y la piel de naranja.

Aparte, mezclar en un bol la harina de trigo, la maicena y el azúcar. Remover bien y agregar los huevos. Continuar batiendo hasta conseguir una pasta homogénea.

Cuando haya hervido, colar la leche y agregarla poco a poco a la mezcla anterior sin dejar de mover la varilla.

Colar todo de nuevo y espesar a fuego lento, moviendo suavemente para evitar que se agarre.

Cuando dé el primer hervor, retirar del fuego, volcar sobre una bandeja y repartir la mantequilla por encima para evitar que se haga costra.

Dejar enfriar.

USOS

Para rellenar tartas, pasteles y bollería en general.

Yema pastelera

20 min

Para rellenar o decorar 1 tarta o varios pasteles

INGREDIENTES

8 yemas de huevo
150 g de azúcar
1 dl de agua

ELABORACIÓN

Mezclar el agua con el azúcar en un cazo y cocer durante unos 8 minutos hasta conseguir un líquido ligeramente más denso.

En un bol aparte, batir las yemas y mezclarlas después, poco a poco, con el almíbar anterior.

Cocer a fuego lento sin dejar de mover hasta que espese por completo.

Por último, volcarlo en un recipiente y dejar enfriar para evitar que se oscurezca.

USOS

Para rellenar bollería, tartas, etc.

CONSEJO

No se deben batir en exceso las yemas, pues perderán color y quedarán amarillentas en lugar de naranja intenso.

Pasta quebrada

20 min

Para hacer la base de 2 tartas

INGREDIENTES

200 g de harina
80 g de mantequilla
50 g de azúcar
1 huevo
Vainilla en polvo

ELABORACIÓN

Introducir la harina en un bol y hacer un agujero central en forma de volcán.

En el hueco, poner la mantequilla en pomada, el azúcar, el huevo y la vainilla.

Amasar hasta obtener una masa homogénea.

Envolver en papel film y dejar enfriar para que se endurezca.

Para utilizarla, cortar en porciones y estirar con el rodillo. Forrar con ella moldes que posteriormente se rellenarán con algún preparado para hacer tartas y derivados.

Este tipo de masa se hornea a 180 °C hasta que esté crujiente.

USOS

Para elaborar pastas y bases de tartas.

Merengue suizo

15 min

Para decorar varias tartas y pasteles

INGREDIENTES

3 claras
3 cucharadas de azúcar
5 gotas de zumo de limón

ELABORACIÓN

En un recipiente limpio y seco por completo, introducir las claras, teniendo la precaución de evitar cualquier resto de yema.

Empezar a batir con una varilla y, a medida que vaya montando, añadir el azúcar y las gotas de limón.

Batir hasta que resulte consistente y blanco.

Para saber si el merengue está listo, voltear el recipiente; debe quedarse totalmente adherido sin caerse.

USOS

Para elaborar espumas, decorar tartas u hornear a temperatura suave.

CONSEJO

Si hay restos de yema en las claras, no montarán.

Almíbar de distintos sabores

15 min

Para emborrachar varias tartas

INGREDIENTES

140 g de azúcar
1 vaso de agua
1 cucharada de licor
Piel de limón
Aromas: menta, vainilla, canela, etc.

ELABORACIÓN

Poner a cocer el agua con el azúcar, el licor y la piel de limón a fuego medio, durante 15 minutos. Agregar desde el principio de la cocción el aroma deseado.

Transcurridos los 15 minutos, colar y dejar enfriar.

USOS

Para emborrachar pasteles y tartas, aportando un punto más jugoso y sabroso.

Crema de nata chantilly

15 min

Para decorar, rellenar o elaborar varias tartas, pasteles o espumas

INGREDIENTES

½ litro de nata (35 % de M.G.)
80 g de azúcar
2 g de vainilla en polvo

ELABORACIÓN

Refrigerar la nata líquida.

Disponer un recipiente con agua y hielos, y sobre él colocar otro en el que se introducirá la nata.

Con la ayuda de una varilla empezar a batir hasta que comience a montar; en ese momento añadir poco a poco el azúcar y la vainilla y seguir batiendo.

Cuando esté consistente y sólida, volver a refrigerar para evitar que se corte.

USOS

Para rellenar y decorar pasteles, tartas y bollería.

CONSEJO

Si la nata tiene un 35 % de materia grasa, montará mejor.

Pasta choux para elaborar pastelillos

35 min

8

INGREDIENTES

80 g de mantequilla
1 vaso de agua (250 ml)
160 g de harina
5 huevos pequeños
Sal

ELABORACIÓN

Poner a cocer el agua con la mantequilla y la sal.

Cuando rompa a hervir, agregar de golpe la harina sin dejar de mover con la espátula.

Mover la masa manteniéndola a fuego medio hasta que quede homogénea y se despegue de los bordes del recipiente.

Retirar del fuego y dejar que se atempere. Entonces, incorporar un huevo a la masa y mezclar. Cuando se haya absorbido por completo, agregar el siguiente. Así hasta añadir los cinco.

Introducir la masa en la manga pastelera y hacer sobre la bandeja de horno distintas formas. Hornear a 190 °C durante 10 minutos aproximadamente.

Dejar enfriar, y rellenar y decorar al gusto.

USOS

Para elaborar buñuelos, profiteroles, *petit fours*, *éclairs*, etc.

Trufa para rellenar y decorar tartas

20 min

Para rellenar y decorar 2 tartas o varios pasteles

INGREDIENTES

100 g de chocolate puro para fundir
2 vasos de nata líquida (35 % M.G.)
80 g de azúcar

ELABORACIÓN

Fundir el chocolate troceado al baño maría. Una vez fundido mezclarlo con una cuarta parte de la nata sin montar, hasta obtener una salsa de chocolate homogénea. Dejar enfriar.

Aparte, montar el resto de la nata en un bol sobre un recipiente con agua fría y hielos. Cuando empiece a montar incorporar el azúcar poco a poco y seguir batiendo hasta que la nata quede consistente.

Mezclar ambas elaboraciones lentamente, hasta conseguir una trufa densa.

USOS

Para rellenar tartas, pasteles, bollería y como elemento decorativo en elaboraciones de repostería.

ELABORACIONES SENCILLAS Y POPULARES

Las recetas de la abuela

Crema catalana

35 min

4

INGREDIENTES

1 litro de leche
180 g de azúcar
8 yemas de huevo
35 g de maicena
1 rama de canela
1 piel de naranja o limón

ELABORACIÓN

Poner a calentar la leche a fuego medio junto con la piel de limón o naranja y la canela. Cuando comience a hervir, mantener durante 5 minutos hasta que se aromatice.

En un bol aparte, mezclar la maicena con el azúcar, remover e incorporar los huevos poco a poco y sin dejar de batir.

Colar la leche y unirla a la mezcla anterior.

A continuación, cocer a fuego medio hasta que dé el primer hervor.

Repartir en cazuelas de barro y dejar enfriar.

Una vez fría, la crema quedará densa; en ese momento, repartir una fina capa de azúcar por encima y caramelizar con ayuda de un soplete o de una plancha de quemar.

Servir enseguida para que la capa de azúcar se deguste caramelizada y crujiente.

CONSEJO

Es importante mezclar en primer lugar la maicena con el azúcar para garantizar la ausencia de grumos.

Bizcocho ligero

40 min

4-6

INGREDIENTES

4 huevos
200 g de azúcar
210 g de harina
20 g de mantequilla
4 g de levadura en polvo
Mantequilla para engrasar el molde

ELABORACIÓN

Preparar un recipiente con agua templada; sobre él colocar otro con los huevos y el azúcar. Poner en la batidora el accesorio de varillas de pastelería y batir hasta lograr una espuma amarilla que duplique el volumen inicial.

Una vez emulsionado, agregar la harina y la levadura previamente tamizadas con un colador. Incorporar poco a poco y remover lentamente para que no se baje la mezcla.

Engrasar con la mantequilla un molde de silicona, cristal o acero e introducir la mezcla.

Hornear a 180 °C durante 25-30 minutos.

Dejar enfriar y desmoldar.

USOS

Este tipo de bizcocho podrá emplearse para acompañar desayunos y meriendas, como base para decorar tartas y por supuesto para rellenar con la crema dulce que más nos apetezca.

Natillas madrileñas

35 min

4

INGREDIENTES

1 litro de leche
8 yemas o 6 huevos
160 g de azúcar
10 g de maicena
1 rama de canela
Piel de limón
Bizcochos de soletilla
Canela en polvo

ELABORACIÓN

Cocer la leche junto con la rama de canela y la piel de limón a fuego medio durante 5 minutos.

Aparte, mezclar el azúcar con la maicena, agregar las yemas o los huevos y batir bien. Acto seguido, incorporar esta mezcla a la leche y cuajar a fuego lento sin dejar de remover. Una vez espesa se repartirá en boles o cazuelas de barro.

Dejar enfriar y decorar con canela en polvo y bizcochos de soletilla.

CONSEJO

Para evitar que se corten las natillas, no deberán cocer en exceso. Si se llegasen a cortar se batirán hasta que vuelvan a ligar.

Flan de huevo al caramelo

45 min

6

INGREDIENTES

1 litro de leche
7 huevos
190 g de azúcar
1 rama de vainilla

Para el caramelo

40 g de azúcar
5 gotas de zumo de limón

ELABORACIÓN

Poner a hervir la leche con la rama de vainilla a fuego medio durante 8 minutos. Dejar reposar unos segundos para que la vainilla libere más aroma.

En un bol, batir los huevos con los 190 g de azúcar, incorporar la leche —retirando la rama de vainilla— y continuar batiendo.

Aparte, poner en una sartén a fuego medio los 40 g de azúcar con las gotas de limón; dejar que caramelice por completo sin mover en exceso.

Repartir el caramelo en los moldes de flan, dejar enfriar y rellenar con la crema flanera elaborada anteriormente.

Hornear al baño maría a 170 °C durante 20 minutos.

Dejar enfriar y desmoldar.

CONSEJO

Si se desea que el flan quede compacto, cuajado y sin agujeros, se debe hornear a temperatura suave; en cambio, si se quiere presentar un flan repleto de agujeritos, se horneará a alta temperatura.

Leche frita a la esencia de menta

1 hora

8

INGREDIENTES

1 litro de leche
130 g de maicena
130 g de azúcar
2 huevos
30 g de harina
1 rama de menta
1 piel de naranja
Aceite para freír
Canela en polvo
Azúcar para rebozar

ELABORACIÓN

Cocer la leche por espacio de 10 minutos con las hojas de menta y la piel de naranja. Después, dejar reposar y colar.

En un bol aparte, mezclar el azúcar y la maicena; remover bien e incorporar la leche de golpe. Batir hasta obtener una crema homogénea y sin grumos. Poner a cocer de nuevo a fuego medio durante 14 minutos, hasta conseguir una crema espesa y muy densa.

Repartir sobre una bandeja engrasada con aceite o mantequilla y dejar reposar. Una vez fría, cortar en porciones cuadradas, triangulares o rectangulares.

Enharinar las porciones y pasarlas por huevo batido.

Freír en aceite caliente hasta que estén doradas.

Volver a rebozar con una mezcla de azúcar y canela en polvo y servir frías.

CONSEJO

Es conveniente agregar la cantidad exacta de maicena que se indica, ya que por exceso resultará muy dura tras su enfriado, y por defecto se correrá el riesgo de que no cuaje y se rompa durante la fritura.

Plum cake de plátano y mantequilla

1 hora

6-8

INGREDIENTES

3 plátanos
100 g de mantequilla
100 g de azúcar
2 huevos
100 g de harina
5 g de levadura en polvo
Canela en polvo
Mantequilla para engrasar el molde

ELABORACIÓN

Pelar los plátanos y trocearlos; después, saltearlos en una sartén junto con la mantequilla y la canela. Triturar hasta conseguir una pasta homogénea.

En un bol aparte, introducir los huevos y el azúcar, incorporar la pasta de plátano y remover bien.

A continuación, incorporar la harina y la levadura y mezclar.

Engrasar un molde con mantequilla, introducir la mezcla y hornear a 170 °C durante 35 minutos.

Pasado ese tiempo, dejar enfriar, desmoldar y servir.

CONSEJO

Se pueden cambiar los plátanos por mango, papaya o kiwi, jugando así con colores y sabores diferentes.

Crema de naranja caramelizada

40 min

6

INGREDIENTES

500 ml de zumo de naranja
180 g de azúcar
4 huevos
25 g de maicena
1 rama de vainilla
Azúcar para caramelizar

ELABORACIÓN

Dar un hervor al zumo de naranja con la vainilla.

En un bol aparte, mezclar la maicena con el azúcar, agregar los huevos y batir bien.

Incorporar esta mezcla al zumo —retirando previamente la rama de vainilla— y dejar espesar a fuego medio durante 8 minutos.

Repartir en cazuelas de barro o platos de postre y dejar enfriar.

Una vez frío, espolvorear una capa de azúcar por encima y caramelizar con el soplete o la plancha de quemar.

CONSEJO

Servir la crema nada más caramelizar, así se degustará crujiente.

Pudin de bizcocho, frutas y nueces

50 min

5-6

INGREDIENTES

½ litro de leche
4 huevos
110 g de azúcar
50 g de bizcocho (receta pág. 48)
20 g de nueces
30 g de frutas deshidratadas
1 rama de vainilla
2 cucharadas de miel
Caramelo líquido (receta pág. 30)

ELABORACIÓN

Elaborar, siguiendo las recetas de las páginas 30 y 48, un bizcocho ligero y un caramelo.

A continuación, poner a cocer la leche en un cazo junto con la rama de vainilla y la miel. Mantener 8 minutos a fuego medio.

En un bol aparte, batir los huevos con el azúcar e incorporar la leche colada. Mezclar bien.

Cubrir con caramelo la base de un molde de flan o pudin y a continuación repartir lonchas de bizcocho alternando con nueces troceadas y frutas deshidratadas.

Hornear al baño maría a 170 °C, colocando la bandeja en el suelo del horno, durante 30-35 minutos.

Dejar enfriar y desmoldar.

Tocinos de cielo

40 min

4

INGREDIENTES

8 yemas de huevo
170 g de azúcar
1 dl de agua
Caramelo líquido

ELABORACIÓN

Introducir las yemas en un bol. Batir suavemente durante poco tiempo, para evitar que pierdan su intenso color naranja.

Aparte, poner a cocer el agua con el azúcar durante 7 minutos a fuego medio, hasta que esté ligeramente espeso.

Mientras se enfría el almíbar, repartir el caramelo en los moldes o flaneras.

A continuación, mezclar el almíbar con las yemas y rellenar los moldes con esta mezcla.

Hornear al baño maría a 170 °C durante 12 minutos o al vapor durante 8 minutos.

Enfriar y desmoldar. Servir frío.

CONSEJO

Las claras que sobran en esta u otras recetas se podrán congelar en recipientes de plástico y usar posteriormente para elaborar merengues, espumas, etc.

Delicias de naranja y almendra

40 min

4

INGREDIENTES

80 g de mantequilla
80 g de azúcar
80 g de almendra molida
80 g de harina
3 yemas de huevo
3 claras de huevo
50 g de azúcar
4 g de levadura en polvo
Ralladura de dos naranjas
1 cucharada de mermelada de naranja

Para el baño de chocolate

150 g de chocolate puro
50 g de mantequilla

ELABORACIÓN

Templar la mantequilla.

En un bol, introducir los 80 g de azúcar, la almendra molida, las yemas, la ralladura de naranja y la mermelada. Añadir la mantequilla templada y batir bien. Acto seguido, agregar la harina y la levadura; mezclar todo y reservar.

Aparte, batir las claras de huevo con los 50 g de azúcar hasta obtener un merengue compacto.

Unir ambas elaboraciones y volcar la mezcla en moldes individuales o en un molde grande.

Hornear a 170 °C durante 15 minutos, en el caso de moldes pequeños, y 20-22 minutos para moldes grandes.

Dejar enfriar y desmoldar.

CONSEJO

Bañarlos en chocolate (fundido con mantequilla al baño maría).

ELABORACIONES CON FRUTAS

Los postres más naturales

Macedonia con frutos rojos

30 min

4-5

INGREDIENTES

200 g de melón
50 g de grosellas
50 g de frambuesas
2 manzanas
2 naranjas
40 g de azúcar
1 vaso de agua
½ limón

ELABORACIÓN

Pelar el melón, las manzanas y las naranjas, y trocear en dados pequeños.

Lavar los frutos rojos y secar con papel de cocina.

Poner a hervir el agua con el azúcar y el zumo de medio limón, y dejar cocer a fuego medio durante 8 minutos. Retirar y dejar enfriar.

Una vez frío el almíbar, mezclar con los dados de fruta.

Un momento antes de servir la macedonia, se añadirán los frutos rojos.

Servir fría.

CONSEJO

Los frutos rojos se incorporan un momento antes de servir la macedonia para evitar que el resto de las frutas adquieran una tonalidad roja.

Compota de manzana y pera

35 min

4

INGREDIENTES

3 manzanas
3 peras
1 vaso de agua
50 g de azúcar
1 rama de canela
1 rama de hierbabuena
Canela en polvo
Unas gotas de zumo de limón

ELABORACIÓN

Pelar y después trocear las manzanas y las peras en gajos gruesos. Regar con el zumo de limón para evitar la oxidación.

En un cazo, introducir el agua con el azúcar, la rama de canela y la fruta. Cocer a fuego medio durante 12 minutos, hasta que se evapore casi toda el agua y la fruta esté cocida pero no deshecha.

Dejar enfriar y servir la fruta decorada con las hojas de hierbabuena y canela en polvo.

CONSEJO

Se puede elaborar compota con otro tipo de frutas como piña, kiwi o mango, reduciendo los tiempos de cocción.

Manzanas asadas rellenas de crema

50 min

4

INGREDIENTES

4 manzanas (golden o reineta)
20 g de mantequilla
30 g de azúcar
1 pizca de canela en polvo
½ vaso de vino blanco

Para la crema

2 vasos de nata líquida
90 g de azúcar
4 yemas de huevo
2 cucharadas de maicena

ELABORACIÓN

Lavar las manzanas y descorazonarlas. Con la punta de un cuchillo trazar un cinturón a lo largo de su contorno (para evitar que exploten) y disponerlas sobre una bandeja de horno.

En el interior de cada manzana repartir la mantequilla, el azúcar y la canela en polvo.

Hornear a 160 °C con calor arriba y abajo durante 30-35 minutos, regando de vez en cuando con vino blanco.

Para hacer la crema, en un bol mezclar la maicena y el azúcar; a continuación, agregar las yemas (sin dejar de batir) y, por último, la nata. Poner a fuego mínimo removiendo sin parar hasta que espese por completo.

Dejar enfriar y rellenar las manzanas.

Salsear con el jugo resultante y servir frío.

CONSEJO

La temperatura para el horneado de las manzanas deberá ser suave y constante; de esta manera se evita que revienten y se consigue una mejor presentación.

Peras al vino tinto

1 hora

4

INGREDIENTES

4 peras blanquilla o conferencia
2 vasos de vino tinto
1 vaso de agua
130 g de azúcar
30 g de almendra molida
Piel de limón y naranja
1 rama de canela

ELABORACIÓN

Poner a fuego medio el vino tinto, el vaso de agua, el azúcar, las pieles de los cítricos y la rama de canela.

Aparte, pelar las peras sin quitarles el rabito. Sumergirlas en el líquido y cocer a fuego medio durante 30 minutos.

Pasado ese tiempo, retirar las peras y continuar cociendo el almíbar hasta que espese. Después, dejar enfriar.

Repartir el almíbar en cazuelas de barro o en un plato, colocar las peras sobre él y decorar con la almendra molida.

CONSEJO

Para que las peras cojan más color durante la cocción, es recomendable cocerlas poniéndoles encima un paño limpio; así permanecerán sumergidas durante todo el proceso de cocción.

Melón al oporto

30 min

4

INGREDIENTES

1 melón (piel de sapo, galo o cantalupo)
2 vasos de oporto
80 g de azúcar
2 cucharadas de miel
1 rama de vainilla
Guindas rojas y verdes

ELABORACIÓN

Cortar el melón en gajos gruesos. Pelar cada gajo retirando la piel de la carne y cortar en porciones. Reservar.

Aparte, poner un recipiente al fuego con el oporto, el azúcar, la miel y la vainilla.

Dejar cocer a fuego medio durante 15 minutos aproximadamente hasta que espese.

Cuando esté frío, regar el melón con el almíbar, decorar con unas guindas y servir.

CONSEJO

El melón no deberá estar demasiado maduro para que su presentación en el plato sea mejor.

Crema de frutos rojos caramelizados

35 min

Para salsear distintos postres

INGREDIENTES

40 g de grosellas
40 g de frambuesas
40 g de arándanos
20 g de mantequilla
130 g de azúcar
1 vaso de jerez dulce
½ vaso de agua

ELABORACIÓN

Lavar las frutas y saltearlas con la mantequilla en una sartén hasta que comiencen a deshacerse.

Repartir el azúcar por encima y subir el fuego al máximo, dejando que caramelice por completo.

Regar con el vino de jerez y el agua, y cocer todo hasta que empiece a reducir.

Después, triturar y colar.

USOS

Una vez fría, utilizar para decorar postres, bañar frutas y dar sabor y color a espumas y helados.

CONSEJO

Al hacer el caramelo no debemos dejar que tome mucho color, pues si se quema amarga las elaboraciones.

Batido de plátano, yogur y cacao

30 min

4

INGREDIENTES

8 plátanos maduros
100 g de azúcar
4 yogures naturales
2 cucharadas de cacao en polvo
Vainilla en polvo

ELABORACIÓN

Pelar y trocear los plátanos en dados de 2 o 3 cm.

Introducirlos en la jarra de la batidora junto con el azúcar, la vainilla y el cacao.

A continuación, agregar los yogures y triturar hasta conseguir un batido homogéneo.

Si resultase muy espeso, añadir leche. Después, colar y servir frío.

CONSEJO

Este tipo de elaboración conviene degustarla nada más hacerla, para evitar la oxidación del plátano.

Frutas bañadas al chocolate

15 min

4

INGREDIENTES

700 g de frutas variadas
200 g de chocolate puro
100 g de mantequilla

ELABORACIÓN

Pelar las frutas y cortar en dados grandes. También se pueden hacer bolitas con la cucharilla vaciadora.

A continuación, ensartar los dados en palos de brocheta, combinando sabores y colores.

Aparte, fundir el chocolate al baño maría junto con la mantequilla hasta obtener una salsa homogénea. Bañar las frutas con ella y dejar enfriar.

Servir frío como postre o merienda.

CONSEJO

Es importante evitar utilizar frutas que liberen gran cantidad de jugo, pues esto hace más difícil que se adhiera el chocolate.

DELICATESSEN

Sorprende a tus invitados

Pastel al estilo Luque

1,5 horas

6

INGREDIENTES

3 yogures de sabores
150 g de azúcar
200 g de harina
3 huevos
1,5 dl de aceite de girasol
20 g de pasas
20 g de nueces
1 vaso de agua
Ralladura de 2 naranjas
2 cucharaditas de anís en grano
1 cucharadita de canela en polvo
1 sobre de levadura en polvo
Mantequilla para engrasar el molde

ELABORACIÓN

Introducir en un cazo el vaso de agua, la ralladura de naranja, los anises y la canela y poner a cocer durante 30 minutos. Una vez haya reducido la mezcla, se triturará hasta obtener una pasta muy aromática.

En un bol aparte, mezclar los yogures con el azúcar, los huevos y el aceite; batir bien y agregar las pasas, la harina y la levadura. Continuar removiendo hasta conseguir una pasta cremosa. Entonces, incorporar el preparado inicial y mezclar bien.

Engrasar y enharinar un molde e introducir la mezcla. Repartir sobre ella las nueces y hornear a 160 °C durante 1 hora aproximadamente.

Pinchar con una aguja o brocheta; si sale limpia, retirar el bizcocho y dejar reposar; de lo contrario, mantener 15 minutos más.

Esta receta data de 1923 y viene de una saga repostera que ha ido modificando recetas de bizcochos consiguiendo sabores y texturas excepcionales.

Borrachito al ron

30 min

4

INGREDIENTES

100 g de azúcar
6 yemas de huevo
50 g de azúcar
50 g de maicena
1 vaso de agua
½ vaso de ron

ELABORACIÓN

Poner a cocer el agua con el ron y los 100 g de azúcar hasta que reduzca a la mitad. El alcohol se evaporará y el líquido deberá espesar y coger densidad.

Aparte, en un bol sobre un recipiente con agua caliente, batir las yemas con los 50 g de azúcar hasta que dupliquen su tamaño (a base de batir e introducir aire aumentará su volumen). Acto seguido, agregar poco a poco la maicena tamizada con un colador; mezclar con suavidad y rellenar moldes pequeños o cápsulas de magdalenas pequeñas.

Hornear a 180 °C durante 10 minutos. Pasado ese tiempo, desmoldar.

Después, sumergir los bizcochitos en el almíbar de ron, mantener hasta que queden emborrachados y volver a repartir en sus moldes o cápsulas.

CONSEJO

Se debe tener cuidado de no dejar los bizcochitos en el almíbar demasiado tiempo, pues se pueden deshacer.

Pastas rizadas de té

35 min

8

INGREDIENTES

150 g de mantequilla
80 g de azúcar glas
1 yema de huevo
200 g de harina
40 ml de leche
Ralladura de limón y naranja
Sal
Frutos secos, guindas, etc. para decorar
Mantequilla para engrasar la bandeja

ELABORACIÓN

Poner la mantequilla en pomada en el interior de un bol, agregar el azúcar glas y la yema de huevo y batir bien.

A continuación, añadir la sal, las ralladuras y la leche.

Por último, incorporar la harina de golpe y mezclar hasta obtener una mezcla homogénea.

Cargar con la mezcla una manga pastelera con boquilla rizada, formar flores, herraduras, lenguas de gato, etc., sobre una bandeja de horno previamente engrasada. Decorar con el alimento decorativo que se haya elegido.

Por último, hornear a 180 °C durante 10 minutos aproximadamente.

Opcional: una vez horneadas y frías, las pastas se podrán bañar con la salsa de chocolate.

CONSEJO

La pasta cruda se puede conservar en la nevera, pero antes de su utilización se debe sacar para que se atempere.

Yemas de santa Teresa

35 min

5

INGREDIENTES

6 yemas de huevo
90 g de azúcar
4 cucharadas de agua
35 g de azúcar glas

ELABORACIÓN

Poner a cocer el agua con los 90 g de azúcar hasta conseguir un almíbar muy espeso, casi con la textura de la miel.

Aparte, en un bol, batir suavemente las yemas.

Retirar el almíbar del fuego y verter sobre las yemas; remover y poner a cocer a fuego muy lento hasta que cuaje.

Retirar del fuego y, una vez fría, mezclar la yema con el azúcar glas.

Formar bolitas y conservar en la nevera.

CONSEJO

Para hacer más atractivo este dulce, las yemas se podrán servir presentadas en cápsulas de papel de colores.

Minicrunch de hojaldre y almendra

35 min

5

INGREDIENTES

1 plancha de hojaldre
80 g de azúcar
30 g de maicena
4 yemas de huevo
2 vasos de nata
30 g de almendra granillo
1 huevo batido

ELABORACIÓN

Extender la plancha de hojaldre y estirar con un rodillo hasta que quede fina.

Cortar porciones cuadradas, circulares, triangulares, etc., con ayuda de un cortapastas.

Pinchar las porciones con un tenedor y pintarlas con el huevo batido.

Repartir sobre la mitad de las piezas la almendra y hornear todas a 190 °C durante 10 minutos.

En un cazo aparte, mezclar el azúcar con la maicena y agregar las yemas y la nata. Batir bien. A continuación, cocinar a fuego lento hasta que espese por completo y dejar enfriar.

Una vez fría, rellenar una manga pastelera con esta crema y repartirla sobre los hojaldres que no tienen almendra. Después, tapar con el hojaldre almendrado.

Servir como postre o aperitivo dulce.

CONSEJO

Cuando utilicemos hojaldre para elaborar empanadas, alimentos hojaldrados o simplemente como base de tartas, es importante pinchar repetidas veces con un cuchillo para evitar que suba en exceso.

Tartaletas rellenas de crema de avellana

30 min

6

INGREDIENTES

1 plancha de pasta quebrada (receta pág. 28)
120 g de avellanas
4 yemas de huevo
2 vasos de nata
30 g de maicena
75 g de azúcar
Ralladura de naranja
Avellanas enteras para decorar
Mantequilla para engrasar

ELABORACIÓN

Elaborar la pasta quebrada según la receta de la página 16 y extenderla hasta que alcance un grosor de 2 mm aproximadamente.

Forrar con ella moldes individuales previamente engrasados con mantequilla.

Moler las avellanas con el robot de cocina e introducirlas en un recipiente junto con la maicena, el azúcar, la ralladura de naranja, las yemas y la nata. Batir bien y cocer a fuego medio, sin dejar de mover, hasta que espese.

Rellenar las tartaletas con la crema y decorar con una avellana entera sobre cada elaboración.

Hornear a 180 °C durante 12 minutos.

Dejar enfriar y servir.

CONSEJO

Es importante realizar una buena molienda de avellana; cuanto más fina sea más suave quedará la crema. Si no se quiere hacer en casa, se puede comprar avellana molida.

Botones crujientes de colores

1 hora

6

INGREDIENTES

110 g de azúcar
125 g de almendra molida
120 g de azúcar glas
10 g de coco molido
2 claras de huevo
3 cucharadas de agua
Colorante alimentario al gusto

ELABORACIÓN

Poner a cocer el agua con los 110 g de azúcar hasta obtener un almíbar denso; después, separar del fuego y dejar atemperar.

Batir una de las claras y, cuando empiece a montar, añadir poco a poco el almíbar hasta que se absorba por completo y se forme un merengue espeso, compacto y brillante.

En un bol aparte, mezclar el azúcar glas, el coco, la almendra molida, la otra clara y el colorante.

Unir ambos preparados hasta conseguir una pasta homogénea e introducirla en una manga pastelera. Formar pequeños botones sobre la bandeja de horno y dejar reposar 40 minutos.

Hornear a 170 °C durante 12-14 minutos aproximadamente.

Se pueden servir así o pegados de dos en dos con alguna crema espesa.

CONSEJO

Una vez repartidos sobre la bandeja de horno, deberán reposar unos minutos antes de hornear para que se forme costra.

BOLLERÍA Y MASAS FRITAS

Tradición en tu cocina

Roscón de Reyes

1,5 horas

8

INGREDIENTES

500 g de harina
100 g de mantequilla
100 g de azúcar
1 huevo
Un chorrito de agua de azahar
1 vaso de leche tibia
25 g de levadura de panadero prensada
1 huevo batido
Una pizca de sal
Frutas escarchadas
Almendra laminada
Azúcar para decorar

ELABORACIÓN

Volcar la harina sobre la encimera de trabajo y hacer un agujero en el centro a modo de volcán.

Dentro, poner la mantequilla en pomada, el azúcar, el huevo, una pizca de sal, la leche tibia y el agua de azahar. Mezclar estos ingredientes en medio de la harina y a continuación añadir la levadura desmigada. Entonces, empezar a mezclar con la harina y trabajar hasta obtener una masa homogénea y elástica.

Sobre una bandeja de horno forrada con papel de horno, formar un gran rosco.

Pintar con el huevo batido y decorar con las frutas escarchadas, la almendra y algo de azúcar.

Dejar fermentar hasta que duplique su tamaño.

A continuación, hornear a 180 °C durante 16 minutos aproximadamente.

Dejar enfriar y servir.

CONSEJO

Se puede dejar el roscón fermentando sobre la propia bandeja de horno, incluso en el interior del mismo, apagado; así se evita cualquier golpe que pueda dañarlo.

Bartolillos rellenos de crema de chocolate

35 min

6

INGREDIENTES

250 g de harina
155 ml de zumo de naranja o vino blanco
3 cucharadas de aceite de girasol
150 g de chocolate puro
40 g de mantequilla
1 cucharada de nata líquida
1 huevo batido
Sal
Aceite para freír
Azúcar para rebozar

ELABORACIÓN

En primer lugar fundir el chocolate junto con la mantequilla al baño maría. Una vez fundido, agregar la nata y mezclar bien. Dejar enfriar en la nevera hasta que se endurezca.

Aparte, introducir en un bol el zumo de naranja o el vino blanco, un poco de sal y el aceite de girasol. Mezclar bien e incorporar poco a poco la harina hasta formar una masa elástica y homogénea.

Estirar con un rodillo, dejando un grosor de 2 mm. Con ayuda de un cortapastas, cortar la masa en círculos. En el centro de cada uno, colocar una cucharadita de la crema de chocolate, pintar los bordes con huevo batido y cerrar la oblea sellando los bordes con un tenedor.

Freír en aceite caliente hasta que estén dorados. Dejar reposar sobre papel de cocina y servir fríos, rebozados con azúcar.

CONSEJO

Hay que evitar rellenar en exceso la masa, ya que si revienta durante la fritura podría saltar el aceite.

Bizcochitos fantasía

40 min

6

INGREDIENTES

2 yemas de huevo
50 g de azúcar
50 g de mantequilla
50 g de nueces molidas
50 g de harina
50 g de fresas y frambuesas
2 claras de huevo
4 gotas de zumo de limón
Vainilla en polvo

ELABORACIÓN

Introducir las claras y el zumo de limón en un bol y batir a punto de nieve.

En otro recipiente, batir las yemas con la mantequilla en pomada y el azúcar. A continuación, agregar las nueces molidas, la harina y la vainilla. Una vez conseguida una mezcla homogénea, unir a las claras montadas, removiendo con suavidad.

Repartir en cápsulas para rellenar y decorar por encima con las fresas y las frambuesas.

Hornear a 170 °C con calor arriba y abajo durante 30 minutos aproximadamente.

Dejar enfriar y servir.

CONSEJO

La nuez se puede sustituir por almendra o avellana molida. Así, aumentará el sabor de este dulce.

Magdalenas de aceite de oliva

40 min

4

INGREDIENTES

3 huevos
100 g de azúcar
1 dl de aceite
7 g de levadura en polvo
175 g de harina
Ralladura de naranja y lima

ELABORACIÓN

Batir en un bol los huevos con el azúcar y las ralladuras de naranja y lima. Acto seguido, incorporar el aceite y la levadura; continuar batiendo y añadir poco a poco la harina.

Una vez conseguida una masa densa y sin grumos, rellenar las cápsulas de magdalena.

Meter en el horno, precalentado, a 180 °C durante 16 minutos aproximadamente.

Una vez doradas y horneadas, dejar enfriar y degustar.

CONSEJO

Se puede aprovechar el zumo de la naranja y de la lima en la elaboración de las magdalenas agregando algo más de harina.

Sobaos al ron

40 min

5

INGREDIENTES

4 yemas de huevos de corral
130 g de mantequilla
120 g de azúcar
130 g de harina
7 g de levadura en polvo
2 cucharaditas de ron
Mantequilla para engrasar el molde

ELABORACIÓN

En un bol, mezclar la mantequilla en pomada y el azúcar. A continuación, añadir las yemas de huevo y el ron.

Batir bien la mezcla e incorporar la harina y la levadura sin dejar de remover.

Rellenar un molde engrasado con mantequilla y espolvoreado con harina.

Hornear a 170 °C durante 15 minutos.

Dejar enfriar y servir.

CONSEJO

Si no se dispone de huevos de corral, se pueden emplear huevos normales agregando una pizca de colorante amarillo de paellas para intensificar el color.

Bollos suizos

1 hora

5

INGREDIENTES

250 g de harina
2 huevos
10 g de levadura fresca de panadero
50 g de azúcar
50 g de mantequilla
½ vaso de leche
1 huevo batido para pintar
Ralladura de naranja y limón

ELABORACIÓN

Volcar la harina sobre la mesa de trabajo y hacer un agujero a modo de volcán. Introducir en el centro la mantequilla en pomada, el azúcar, las ralladuras, los huevos, la levadura desmigada y la leche tibia.

Mezclar bien estos ingredientes en el hueco y, después, ir añadiendo la harina y amasar hasta formar una masa homogénea.

Formar bolitas de masa ligeramente cilíndricas y pintar con huevo. Hacer un corte a lo largo y espolvorear con un poco de azúcar.

Dejar fermentar en un lugar cálido y sin corrientes de aire.

Una vez fermentados, hornear a 180 °C durante 14-16 minutos.

Dejar enfriar y servir.

CONSEJO

Es importante esperar a que los bollos fermenten al menos hasta que dupliquen su volumen.

Roscos glaseados y al chocolate

1 hora y 20 min

6

INGREDIENTES

300 g de harina
60 g de mantequilla o margarina
60 g de azúcar
1 huevo
15 g de levadura de panadero
150 ml de leche
Ralladura de limón y de naranja
Nuez moscada

Para el baño glaseado

50 g de mantequilla
70 g de azúcar glas
2 cucharadas de agua

Para el baño de chocolate

150 g de chocolate puro
50 g de mantequilla

ELABORACIÓN

Volcar la harina sobre la encimera y hacer un agujero central. Poner en el centro la mantequilla en pomada, el azúcar, el huevo, la nuez moscada, las ralladuras, la leche tibia y la levadura desmigada. Mezclar bien y añadir la harina hasta formar una masa elástica y homogénea.

Estirar la masa sobre la mesa con un rodillo hasta que alcance un grosor de 2 cm. Con un molde circular, cortar porciones redondas, y con otro más pequeño, sacar un círculo central en cada una para formar los roscos.

Dejar fermentar hasta que se duplique su tamaño. Entonces, freír en aceite bien caliente hasta que se doren ligeramente por ambos lados. Una vez fríos, bañarlos en chocolate (fundido con mantequilla al baño maría).

También se pueden pintar con la glasa (mezclando el azúcar glas con la mantequilla fundida y el agua). Una vez pintados, se meterán 5 minutos en el horno a 150 °C, hasta que quede crujiente.

Cuando estén hechos, dejar enfriar en la nevera para que el chocolate y la glasa queden crujientes.

CONSEJO

El aceite deberá estar lo suficientemente caliente para que los roscos no se empapen. Tampoco se deben dorar en exceso.

Rosquillas al jerez

45 min

7

INGREDIENTES

2 huevos
400 g de harina
100 g de azúcar
5 g de levadura en polvo
100 ml de leche
50 ml de aceite
100 ml de vino de jerez
Anís en grano
Ralladura de limón
Azúcar para rebozar

ELABORACIÓN

Volcar la harina sobre la mesa de trabajo y hacer un agujero a modo de volcán.

Poner en el centro los huevos, el azúcar, la levadura en polvo, el anís en grano, la ralladura de limón, la leche y el aceite. Mezclar bien estos ingredientes en el hueco de la harina y, después, añadir el vino de jerez. A continuación, ir incorporando la harina y amasar hasta lograr una masa blanda y moldeable.

Formar las rosquillas y freírlas en aceite caliente hasta que queden doradas.

Servir frías, rebozadas con azúcar.

CONSEJO

Si el aceite empieza a espumar en exceso, debemos apagar el fuego, colarlo y reanudar la fritura.

TARTAS

Celebra cumpleaños y demás acontecimientos

Tarta de trufa

50 min

8

INGREDIENTES

1 bizcocho (receta pág. 32)
¾ de litro de nata
180 g de chocolate para fundir
150 g de azúcar
30 g de mantequilla
Fideos de chocolate
Almíbar (receta pág. 20)

ELABORACIÓN

Preparar, según las recetas de las páginas 20 y 32, un bizcocho ligero y un almíbar.

Apartar 1 dl de nata. En un bol, sobre un recipiente con agua fría y hielos, montar el resto de la nata con el azúcar. Cuando esté montada y consistente, dividirla en dos partes.

Fundir el chocolate al baño maría junto con la mantequilla. Una vez fundido, retirarlo del fuego y agregarle el dl de nata reservado anteriormente. Cuando esté frío (sin llegar a solidificar), mezclarlo con la mitad de la nata para obtener la trufa.

Abrir el bizcocho en dos mitades, emborrachar con el almíbar la parte inferior y cubrir con la nata montada. Poner encima la otra mitad del bizcocho y volver a emborrachar.

A continuación, cubrir la tarta de trufa y alisarla con una espátula.

Decorar con los fideos de chocolate y conservar en la nevera hasta el momento de servir.

CONSEJO

Es importante disolver parte del chocolate con algo de nata líquida antes de mezclarlo con la nata montada. Si se añade el chocolate directamente se puede cortar y quedar sin una bonita presencia.

Tarta Sacher

1 hora

8

INGREDIENTES

Para el bizcocho

80 g de chocolate para fundir
4 yemas
60 g de mantequilla
60 g de azúcar glas
100 g de harina
5 g de levadura
3 claras
60 g de azúcar
Mantequilla para engrasar

Para el relleno

Mermelada de melocotón, de fresa o de naranja

Para el baño

180 g de chocolate para fundir
50 g de mantequilla

ELABORACIÓN

Fundir los 80 g de chocolate, introducirlos en un bol y mezclarlos con los 60 g de mantequilla en pomada y el azúcar glas. Remover bien, incorporar las yemas y continuar batiendo.

Aparte, batir las claras —añadiendo poco a poco el azúcar— hasta obtener un merengue consistente.

Unir el merengue a la mezcla anterior. A continuación, incorporar la harina y la levadura con suavidad. Una vez mezclado, rellenar un molde previamente engrasado con mantequilla y hornear a 170 °C durante 40 minutos.

Pasado ese tiempo, desmoldar y dejar enfriar.

Cuando esté fría, abrir la tarta por la mitad y rellenar con la mermelada. Tapar con la otra media tarta.

Elaborar el baño de chocolate fundiendo este con la mantequilla al baño maría. Bañar la tarta, que estará sobre una rejilla para que escurra, y dejar enfriar.

CONSEJO

Este tipo de tartas que llevan en su composición bizcochos pesados, con gran contenido en grasa, se mantienen jugosas por más tiempo.

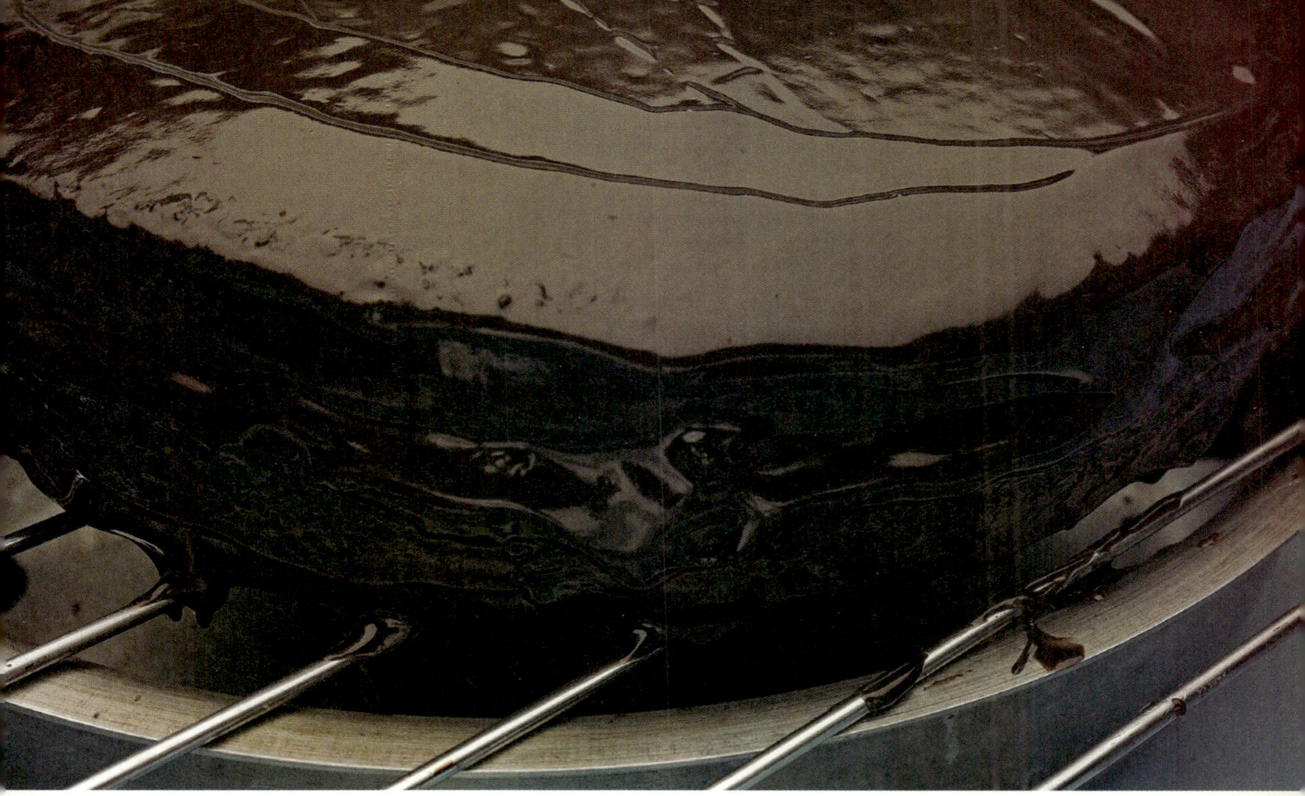

Tarta de yema

1 hora

8

INGREDIENTES

1 bizcocho (receta pág. 32)
200 g de yema pastelera (receta pág. 14)
½ litro de nata
80 g de azúcar
50 ml de almíbar (receta pág. 20)

ELABORACIÓN

Elaborar, según las recetas de las páginas 14, 20 y 32, un bizcocho ligero, un almíbar y 200 g de yema pastelera.

En un bol, sobre un recipiente con agua y hielos, montar la nata y el azúcar con la varilla. Una vez que adquiera consistencia dejar de batir.

Abrir el bizcocho por la mitad y emborrachar la parte inferior con el almíbar. Repartir por encima parte de la nata y cubrir con la otra mitad del bizcocho. Volver a emborrachar.

Con ayuda de una espátula, esparcir una fina capa de yema pastelera.

Introducir la nata reservada en una manga pastelera con boquilla rizada y decorar los bordes de la tarta formando pequeñas flores a lo largo de su diámetro.

Si se desea, se puede tostar la yema con un soplete o plancha quemadora.

Racionar y servir.

CONSEJO

Es importante emborrachar los bizcochos antes de rellenarlos para que las tartas queden jugosas y más apetitosas.

Tarta de limón

1 hora

8

INGREDIENTES

1 plancha de pasta quebrada (receta pág. 16)
2 limones
2 vasos de agua
6 yemas de huevo
45 g de maicena
200 g de azúcar
3 claras
80 g de azúcar
1 rama de vainilla

ELABORACIÓN

Lavar, rallar y exprimir los limones.

En un bol, introducir el zumo, la ralladura y el agua, y mezclar bien.

En otro recipiente, mezclar la maicena con los 200 g de azúcar y las yemas.

Unir ambas mezclas en un cazo y poner a cocer a fuego medio con la rama de vainilla. Remover constantemente hasta que espese por completo.

Forrar un molde de tarta bajo con la pasta quebrada y hornear a 180 °C durante 10 minutos.

Después, rellenar con la crema de limón.

Aparte, montar las claras junto con los 80 g de azúcar hasta obtener un merengue espeso y consistente.

Decorar la superficie de la tarta con el merengue y hornear a 100 °C durante 15 minutos. Dejar enfriar y servir.

CONSEJO

Si les resulta algo fuerte o demasiado ácido el limón, esta tarta se puede elaborar cambiando el limón por naranja o mandarina.

Tarta de Santiago

50 min

6-8

INGREDIENTES

1 plancha de pasta quebrada (receta pág. 16)
140 g de almendra molida
140 g de azúcar
100 g de harina
70 g de mantequilla
3 huevos
6 g de levadura en polvo
Ralladura de limón
Azúcar glas

ELABORACIÓN

Hacer una plancha de pasta quebrada siguiendo la receta de la página 16.

Forrar un molde bajo con la pasta quebrada y hornear a 180 °C durante 10 minutos aproximadamente.

Aparte, mezclar la mantequilla en pomada con el azúcar y la ralladura, y batir bien. Incorporar los huevos, la almendra, la levadura y la harina, y mezclar hasta obtener una crema espesa y homogénea.

Rellenar el molde y hornear a 170 °C durante 40-45 minutos.

Dejar enfriar y servir.

CONSEJO

Una vez fría la tarta, se puede recortar una plantilla de papel con forma de cruz de Santiago. Después, se coloca sobre la tarta y se espolvorea con el azúcar glas. Al retirar el papel, quedará la forma de la cruz.

Tarta de frutas y crema de nata

50 min

8

INGREDIENTES

1 plancha de pasta quebrada (receta pág. 16)
Frutas variadas (kiwi, pera, fresas, mandarina, etc.)
½ litro de nata
4 huevos
120 g de azúcar
30 g de maicena
1 rama de vainilla
1 piel de limón
Mermelada para barnizar
Mantequilla para engrasar

ELABORACIÓN

Engrasar un molde bajo con mantequilla y extender la plancha de pasta quebrada. Hornear a 180 °C durante 10-12 minutos aproximadamente, hasta que esté dorada.

En un cazo, mezclar el azúcar con la maicena y los huevos; batir bien e incorporar poco a poco la nata. Poner a cocer a fuego lento esta mezcla junto con la vainilla y la piel de limón. Cuando empiece a espesar retirar del fuego.

Retirar la vainilla y la piel de limón, y volcar la crema sobre la pasta quebrada. Decorar la superficie con las frutas cortadas en láminas finas.

Hornear a 170 °C durante 20 minutos. Retirar del horno, dejar enfriar y barnizar con mermelada de color claro (albaricoque, naranja o melocotón).

CONSEJO

Hay que tener especial cuidado al manipular frutas de fácil oxidación, como la manzana o el plátano. Para evitar que se oxiden, se pueden regar con unas gotas de zumo de limón.

Tarta de manzana y bizcocho

45 min

4

INGREDIENTES

3 manzanas
150 g de mantequilla
2 huevos
100 g de azúcar
125 g de harina
4 g de levadura en polvo
Vainilla en polvo
Canela en polvo

ELABORACIÓN

Pelar las manzanas y cortarlas en dados pequeños. Saltear en una sartén con una pizca de mantequilla y canela en polvo. Mantener a fuego medio durante 8 minutos. Rellenar un molde con este salteado.

Aparte, mezclar en un bol el resto de la mantequilla en pomada con el azúcar; agregar los huevos y la vainilla en polvo, batir bien e incorporar la harina junto con la levadura. Seguir batiendo 2 minutos más.

Rellenar el molde con esta mezcla, cubriendo la manzana.

Hornear a 180 °C durante 22 minutos.

Dejar enfriar y servir.

CONSEJO

Para intensificar el sabor y el color, se puede añadir cacao en polvo a la mezcla del bizcocho.

Tarta de queso en frío

45 min + reposo

8

INGREDIENTES

200 g de queso fresco
½ litro de nata
80 g de azúcar
12 g de gelatina neutra en polvo
½ vaso de agua
60 g de azúcar
2 yemas de huevo
Sirope de frutos rojos

ELABORACIÓN

Montar la nata junto con los 80 g de azúcar hasta que esté consistente y compacta.

En un cazo aparte, mezclar el agua con los 60 g de azúcar, el queso troceado y la gelatina, y hervir a fuego medio durante 7 minutos. Después, triturar con la batidora. Nada más retirar del fuego, agregar las yemas, batir y dejar enfriar.

Una vez fría la crema de queso, agregar la nata montada, rellenar un molde y dejar reposar hasta que solidifique por completo.

Desmoldar, cortar en porciones y salsear con el sirope.

Se pueden moler unas galletas y mezclarlas con mantequilla para formar una base sobre la cual disponer la tarta de queso.

CONSEJO

Es muy importante mezclar la nata montada con la crema de queso una vez que la crema esté fría, para evitar que se corte la mezcla.

Banda de manzana y hojaldre

35 min

4

INGREDIENTES

1 plancha fina de hojaldre
400 g de crema pastelera (receta pág. 12)
2 manzanas golden
10 g de gelatina neutra en polvo
20 g de azúcar
1 vaso de agua
1 rama de canela
Zumo de limón
Guindas en almíbar

ELABORACIÓN

Pelar las manzanas (reservando la piel) y cortarlas en láminas. Regar con un poco de zumo de limón para que no se oxiden y reservar.

Extender el hojaldre sobre la encimera de trabajo y cortar en porciones rectangulares. Doblar ligeramente los bordes y colocar sobre una bandeja de horno.

Elaborar la crema pastelera siguiendo la receta de la página 12. Repartirla sobre las porciones de hojaldre, y encima colocar las láminas de manzana.

Espolvorear con el azúcar y hornear a 180 °C con calor arriba y abajo durante 14 minutos.

Mientras, lavar la piel de las manzanas y ponerla a cocer con la rama de canela, el agua y la gelatina. Dejar a fuego medio durante 5 minutos. Colar y dejar enfriar.

Una vez horneadas las bandas de manzana se decorarán con las guindas. Y cuando estén frías, se barnizarán con la gelatina de manzana.

CONSEJO

La crema pastelera debe estar fría al repartirla sobre el hojaldre, si no, este se reblandecerá.

ESPUMAS, SEMIFRÍOS Y BISCUIT

Juega con el frío en el postre

Espuma de naranja y lima

40 min

6

INGREDIENTES

2 vasos de nata líquida
50 g de azúcar
3 naranjas
2 limas
2 láminas de gelatina
1 vaso de agua
70 g de azúcar

ELABORACIÓN

Montar la nata con los 50 g de azúcar empleando las varillas de pastelería hasta que resulte consistente y compacta. Reservar en la nevera.

Poner las láminas de gelatina en un cuenco con agua fría para que se hidraten.

Aparte, lavar las naranjas y las limas y rallar la piel. Después, exprimirlas y mezclar el zumo con la ralladura, el agua y los 70 g de azúcar. Hervir todo a fuego medio hasta que reduzca y adquiera densidad.

Ya fuera del fuego, agregar las láminas de gelatina hidratadas. Remover hasta que se disuelvan y dejar que la mezcla se enfríe y coja cuerpo.

Entonces, incorporar la nata montada al almíbar de naranja y lima, batir bien y dejar enfriar.

Introducir la mezcla en la manga pastelera y rellenar los vasos o copas de forma decorativa.

CONSEJO

Debemos extremar la precaución antes de mezclar la nata montada con el almíbar. Debe estar bien frío, así se evitará que se corte.

Espuma al cava

45 min

6

INGREDIENTES

4 dl de cava
2 naranjas
2 láminas de gelatina
3 yemas de huevo
3 dl de nata
70 g de azúcar

ELABORACIÓN

Poner las láminas de gelatina en un cuenco con agua fría para hidratarlas.

En un cazo, introducir el cava junto con el zumo de las naranjas y el azúcar. Dejar hervir hasta que reduzca a la mitad. Después, retirar del fuego, incorporar las láminas de gelatina hidratadas y remover hasta que se disuelvan bien.

Cuando se empiece a atemperar el jarabe de cava, agregar las yemas, batir bien y reservar.

Aparte, montar la nata con una varilla hasta que duplique su tamaño y quede compacta.

Una vez frío el almíbar de cava, se mezclarán ambas elaboraciones.

Presentar en copas o vasos y decorar con ralladura de naranja o frutos rojos.

Servir frío.

CONSEJO

Tras la cocción del cava, el alcohol se evaporará, así que este postre es apto para todos los miembros de la familia.

Espuma de chocolate

40 min

6

INGREDIENTES

150 g de chocolate negro puro
2 vasos de nata líquida
50 g de azúcar
1 clara de huevo
20 g de azúcar
20 g de mantequilla
1 yema de huevo

ELABORACIÓN

Reservar un par de cucharadas de nata y montar el resto en un lugar frío con unas varillas, junto con los 50 g de azúcar. Reservar.

En un bol aparte, montar la clara a punto de nieve junto con los 20 g de azúcar; debe quedar consistente.

Fundir al baño maría el chocolate troceado con la mantequilla. Cuando se convierta en una salsa homogénea, añadir la yema de huevo y las cucharadas de nata líquida reservadas anteriormente. Batir bien y dejar atemperar.

Por último, mezclar la nata con la clara montada y poco a poco incorporar la salsa de chocolate (que debe estar casi fría).

Servir con manga pastelera en copas o vasos.

CONSEJO

Los amantes del chocolate blanco podrán utilizar este en lugar del negro y elaborar la receta de la misma forma.

Biscuit de yemas y caramelo

1 hora + congelación

8

INGREDIENTES

2 vasos de nata
100 g de azúcar
4 cucharadas de miel
1 vaso de agua
2 yemas de huevo
1 rama de canela

ELABORACIÓN

Montar la nata hasta que resulte consistente y reservar.

Aparte, poner el azúcar en una sartén a fuego medio —sin mover al principio— hasta que se caramelice por completo. No debe quemarse. A continuación, agregar el vaso de agua, la canela y la miel, y dejar cocer todo hasta que se funda el caramelo.

Cuando se obtenga un almíbar de caramelo y miel espeso, retirar del fuego e incorporar las yemas batidas. Mezclar bien y dejar enfriar.

Una vez frío, mezclar lentamente con la nata montada. Rellenar con la mezcla un molde forrado con papel de horno y congelar hasta que se solidifique.

Por último, desmoldar, trocear y servir enseguida.

CONSEJO

El secreto de los biscuit reside en el aire incorporado al montar la nata, de manera que durante la congelación no se obtenga un bloque de hielo, sino un helado cremoso.

Pastel semifrío de turrón

40 min + congelación

8

INGREDIENTES

100 g de turrón blando
3 vasos de nata líquida
50 g de azúcar
3 láminas de gelatina
1 vaso de agua
2 yemas de huevo

ELABORACIÓN

Montar la nata junto con los 50 g de azúcar hasta que quede consistente y conservar en la nevera.

Poner las hojas de gelatina a remojo en agua fría.

Aparte, poner a cocer el agua con el turrón troceado, remover con la varilla hasta que se deshaga y, ya fuera del fuego, agregar las yemas.

Batir todo con la batidora y añadir las láminas de gelatina hidratadas. Remover hasta que se disuelvan y dejar enfriar la mezcla.

Una vez fría, pero antes de que gelifique, mezclar con la nata.

Rellenar moldes con esta mezcla y dejar solidificar en el congelador durante 30 minutos.

Antes de consumir, sacar del congelador y mantener una hora en la nevera.

Servir frío como postre o merienda.

CONSEJO

Este postre es muy práctico para aprovechar las tabletas de turrón que suelen sobrar pasadas las Navidades.

Granizado de mandarinas y licor de naranja

20 min + congelación

6

INGREDIENTES

12 mandarinas
1 vaso de licor de naranja
1 g de vainilla en polvo
1 vaso de agua
90 g de azúcar

ELABORACIÓN

Rallar las mandarinas y después pelarlas. Separar los gajos, colocarlos en una bandeja o plato amplio, y congelar por completo.

Una vez congelados, introducirlos en la jarra de la batidora junto con el azúcar, el licor y la vainilla. A medida que se va triturando, añadir el agua poco a poco hasta obtener la densidad deseada.

Servir en copa, muy frío, como postre, o bien entre plato y plato.

CONSEJO

Para eliminar el alcohol del licor de naranja, debemos hervirlo al menos durante 4 minutos; así, aquellas personas que no puedan tomar alcohol y los peques de la casa también podrán disfrutar del granizado.

Granizado de granada y hierbabuena

20 min + congelación

6

INGREDIENTES

4 granadas
100 g de azúcar
1 rama de hierbabuena
1 vaso de licor de granada
1 vaso de agua
Sirope de frutos rojos

ELABORACIÓN

Desgranar las granadas, mezclar con el agua, triturar bien y colar.

Repartir en cubiteras de hielo y congelar.

Una vez congelados, desmoldar los cubitos e introducirlos en la jarra de la batidora; agregar el licor de granada, el azúcar y las hojas de hierbabuena.

Triturar poco a poco empleando una batidora especial para picar hielos, pues la normal se puede estropear.

Cuando esté triturado, decorar los laterales de una copa con el sirope de frutos rojos y llenar con el granizado de granada.

Servir frío.

CONSEJO

Una vez triturada la granada, es importante colar el zumo para evitar cualquier resto de pepitas.

Pastel semifrío de frutos rojos

40 min + reposado

6

INGREDIENTES

2 vasos de nata líquida
140 g de frutos rojos
1 vaso de agua
9 g de gelatina neutra en polvo
100 g de azúcar
Sirope de frutos rojos

ELABORACIÓN

Montar la nata con 40 g de azúcar hasta que quede compacta y consistente. Reservar en la nevera.

Aparte, poner a cocer los frutos rojos (previamente lavados) junto con el agua, la gelatina y el azúcar restante. Mantener a fuego medio durante 7 minutos; después, triturar y colar.

Dejar enfriar esta salsa y, antes de que solidifique, mezclar con la nata.

Rellenar un molde de silicona o similar con la crema resultante y dejar enfriar al menos 1 hora para que coja cuerpo.

Desmoldar y servir frío salseado con el sirope de frutos rojos.

CONSEJO

No utilizar gelatina en exceso, ya que la textura del pastel sería muy dura, semejante a la goma, y este tipo de elaboraciones deben quedar suaves y esponjosas.

Delicia semifría de crema

40 min + reposado

6

INGREDIENTES

3 dl de leche
100 g de azúcar
3 yemas de huevo
20 g de maicena
8 g de gelatina neutra en polvo
4 dl de nata líquida
30 g de azúcar
1 rama de vainilla

ELABORACIÓN

En un recipiente, mezclar los 100 g de azúcar con la maicena. A continuación, añadir las yemas y batir bien. Incorporar poco a poco la leche y agregar la rama de vainilla junto con la gelatina.

Poner la mezcla a espesar a fuego medio sin dejar de remover hasta que la crema espese. Retirar del fuego y dejar enfriar.

En un bol aparte, montar la nata con los 30 g de azúcar.

Una vez fría la crema, mezclarla suavemente con la nata montada. Rellenar moldes con esta mezcla y dejar enfriar en la nevera durante 1 hora.

Una vez solidificado, desmoldar y servir frío.

CONSEJO

Para desmoldar con mayor facilidad, es aconsejable sumergir la base del molde en agua caliente.

Biscuit de chocolate negro y chocolate blanco

40 min + congelación

6

INGREDIENTES

2 vasos de nata líquida
100 g de chocolate negro puro
100 g de chocolate blanco
100 g de mantequilla
100 g de azúcar
2 yemas de huevo

ELABORACIÓN

En un cazo al baño maría, fundir el chocolate negro con 50 g de mantequilla. Cuando esté fundido, incorporar una yema y remover.

Hacer lo mismo con el chocolate blanco, los otros 50 g de mantequilla y la otra yema.

Aparte, batir la nata con el azúcar hasta que quede compacta y consistente, y repartirla en dos recipientes.

Cuando la salsa de chocolate negro esté fría, mezclarla con una parte de la nata y volcarla en un molde forrado con papel de horno. Meter en el congelador durante 35 minutos. Pasado ese tiempo, mezclar el chocolate blanco con la otra parte de la nata y volcar la mezcla encima de la anterior.

Congelar.

Para servir el biscuit a dos colores, sumergir la base del molde en agua tibia para que se desmolde más fácilmente.

Cortar en porciones y servir.

CONSEJO

Se pueden añadir pepitas de chocolate y frutos secos a la mezcla antes de su congelación.

PANADERÍA CASERA

Elabora tus propios panes y presume de tahona

Pan de molde

40 min + fermentado

8

INGREDIENTES

400 g de harina
1 dl de leche
1 dl de agua
30 g de mantequilla
25 g de azúcar
15 g de levadura de panadero
1 pizca de sal

ELABORACIÓN

En un recipiente al fuego, templar ligeramente (sin calentar en exceso) la leche y el agua. Añadir la mantequilla y dejarla fundir.

Volcar la mezcla en un bol e incorporar el azúcar, la sal y la levadura de panadero desmigada.

Remover todo bien y agregar la harina.

Amasar hasta conseguir una textura homogénea y elástica. Si se pega a las manos necesitará algo más de harina; si, por el contrario, está muy dura habrá que agregar leche. La masa siempre debe tener humedad en el interior.

Cuando esté lista, introducirla en un molde rectangular tipo pudin con tapa y dejar fermentar en un lugar cálido hasta que duplique su tamaño.

Entonces, hornear a 190 °C durante 30 minutos.

Dejar enfriar y desmoldar.

CONSEJO

Este tipo de masa se puede emplear también para elaborar panecillos individuales de ración.

Pan de leche

30 min + fermentado

6

INGREDIENTES

240 g de harina
50 g de mantequilla
50 g de azúcar
1 huevo
1 dl de leche
15 g de levadura de panadero
Sal
Ralladura de naranja
1 huevo batido para pintar

ELABORACIÓN

Templar la mantequilla hasta ponerla en pomada, introducirla en un bol junto con el azúcar, el huevo y la sal, y batir hasta conseguir una mezcla homogénea.

Entonces, añadir la ralladura de naranja, la levadura de panadero desmigada y la leche tibia (nunca caliente).

Por último, agregar la harina y trabajar bien hasta conseguir una masa elástica y húmeda.

A continuación, formar bolitas y colocarlas en un molde bajo. Dejar fermentar hasta que dupliquen su tamaño (se pegarán unas con otras al crecer).

Por último, pintar con huevo batido y hornear a 180 °C durante 25 minutos.

Dejar enfriar y servir.

CONSEJO

Si se pinta el pan de leche empleando únicamente la yema de huevo con algo de azúcar tomará mucho más color durante el horneado.

Pan de cebolla

45 min + fermentado

5

INGREDIENTES

400 g de harina
1 dl de vino blanco
1 dl de agua
15 g de levadura de panadero
1 cebolla
2 g de cominos
2 cucharadas de aceite
Sal

ELABORACIÓN

Picar la cebolla y pochar en una sartén hasta que esté blanda.

Aparte, mezclar la harina con la sal y los cominos; remover bien y formar un volcán sobre la encimera de trabajo.

En el hueco introducir el aceite, la levadura desmigada, el vino blanco, el agua y la cebolla pochada.

Trabajar bien hasta obtener una masa elástica y húmeda.

Formar pequeñas porciones, o un gran pan, y dejar fermentar en un lugar cálido hasta que duplique su tamaño.

Por último, hornear a 190 °C durante 26 minutos.

Dejar enfriar y degustar.

CONSEJO

Si se desea intensificar el sabor del pan y no se quieren encontrar trocitos de cebolla, esta se puede triturar una vez pochada.

Pan de tomate picante

45 min + fermentado

6

INGREDIENTES

400 g de harina
3 tomates
1,5 dl de agua
3 dientes de ajo
2 cayenas secas pequeñas
2 cucharadas de aceite
20 g de levadura de panadero
1 rama de tomillo
Sal

ELABORACIÓN

Sofreír en una sartén con aceite los ajos y las cayenas picados finamente. Cuando empiecen a tomar color, agregar el tomillo deshojado y los tomates pelados y troceados. Sazonar y dejar cocer 10 minutos.

En la encimera de trabajo, formar un volcán con la harina, mezclada con una pizca de sal, y remover. Poner en el hueco la salsa de tomate picante previamente elaborada y el agua y, cuando esta mezcla esté templada, casi fría, añadir la levadura desmigada.

Trabajar todo bien formando una masa homogénea y elástica.

Dividir la masa en distintas formas y dejar fermentar en un lugar cálido.

Cuando dupliquen su tamaño, se hornearán a 190 °C durante 15-18 minutos.

Dejar enfriar y servir.

CONSEJO

Si no se desea un pan picante, elaborar la receta de la misma forma excluyendo la cayena.

Pan de miel y frutos secos

35 min + fermentado

5

INGREDIENTES

400 g de harina
2 dl de agua
2 cucharadas de miel
15 g de levadura de panadero
30 g de frutos secos variados
2 cucharadas de aceite
Sal

ELABORACIÓN

Mezclar la harina con un poco de sal y los frutos secos troceados y remover bien.

Formar un volcán con la harina y en el interior poner el aceite, la levadura desmigada, la miel templada y el agua.

Mezclar todo y trabajar bien hasta conseguir una masa homogénea y elástica.

Después, formar panecillos y dejar fermentar en un lugar cálido.

Una vez hayan duplicado su tamaño, hornear a 190 °C durante 16 minutos.

Dejar enfriar y degustar.

CONSEJO

Para decorar el pan, se puede pintar con huevo batido y rebozarlo con pipas de girasol antes de su horneado.

ÍNDICE ALFABÉTICO DE RECETAS